COLLECTION
PRÉCIEUSE
DE DESSINS
PAR LES PLUS GRANDS MAITRES DES ÉCOLES D'ITALIE ET DE FRANCE,

Avec diverses Etudes agréables de l'Ecole flamande et hollandaise.

Le tout recueilli par un Artiste étranger, avec autant de connaissance que de goût.

A cette partie intéressante et de première curiosité, on a joint les fameux Cartons de JULES-ROMAIN, *qui ont fait pendant plusieurs années un des principaux ornemens du Muséum, et dont la première expotion ou exhibition publique a eu lieu dans la* Galerie d'Apollon, *le 28 Thermidor an 5 (13 Août 1797, v. st.)*

ÉCOLE ROMAINE.

CARTONS DE JULES-ROMAIN.

1. LE DÉBARQUEMENT DE SCIPION EN AFRIQUE.

Scipion l'Africain ayant formé le projet

d'aller lui-même engager Syphax, roi de Numidie, dans le parti des Romains contre les Carthaginois, s'embarque seul avec Lœlius sur deux galères. Comme il abordait chez Syphax, Asdrubal parut avec sept galères, se disposant à l'attaquer; mais un vent favorable s'étant élevé, Scipion en profita pour se mettre en sûreté dans le port.

Ce Carton est remarquable par la beauté, l'élégance des formes et la richesse des ornemens qui décorent les vaisseaux. Les figures sont un peu plus grandes que nature, et les côtes d'Afrique sont représentées dans le fond par un paysage enrichi de fabriques.

Haut de 375, large de 486 c.

Ancienne mesure.

11 pieds 8 pouces sur 15 pieds.

2. ENTREVUE DE SCIPION AVEC SYPHAX ET ASDRUBAL.

Syphax, flatté d'avoir à la fois à sa cour les deux plus illustres généraux de son tems, les réunit à sa table. Scipion profitant de l'occasion, sut par ses belles manières captiver l'amitié de Syphax, et fit avec lui un traité secret. Asdrubal s'en aperçut et s'écria : *Quel homme que Scipion! il est aussi formidable dans un repas qu'à la tête d'une armée.*

Ce Carton n'est pas le moins intéressant des quatre, par la qualité et le rang des trois personnages qu'on y voit réunis à table et servis par plusieurs personnes, à la clarté des flambeaux, dans une salle magnifiquement décorée et ornée de vases, d'urnes et d'autres accessoires, dont le choix et la richesse rappellent le goût du bel antique.

Haut de 375, *large de* 383 *c.*

Ancienne mesure.

11 *pieds* 8 *p. de haut sur* 11 *pieds* 7 *p.*

3. Défaite de Syphax.

Syphax ayant épousé Sophonisbe, fille d'Asdrubal, et renoncé par cette alliance à l'amitié des Romains, est attaqué par Lœlius réuni à Massinissa. Au milieu de l'action son cheval s'étant cabré, il tombe et est fait prisonnier.

Cette bataille, traitée dans le plus grand style, représente une quantité prodigieuse de combattans tant à pied qu'à cheval, et qui, par des groupes différens et détachés de l'action principale, rappellent ces traits héroïques qu'on admire dans l'histoire.

Haut de 375, large de 702 c.

Ancienne mesure,
11 *pieds* 8 *p. sur* 19 *pieds* 9 *p.*

4. (1) Bataille de Zama en Afrique.

Dans cette bataille Scipion défit entièrement Annibal, qui perdit onze éléphans, cent trente-deux étendards, vingt mille hommes tués et autant de prisonniers.

Ce sujet est traité tout différemment que celui de la Défaite de Syphax. Le fond représente plusieurs éléphans, dont trois de grandeur naturelle, dans le milieu desquels est un éléphant blanc. Tous ces animaux sont harnachés suivant l'usage du tems, et portent sur le dos des tours remplies de soldats armés. Un grand nombre de combattans, sur le premier

(1) Ce Carton a été gravé, par Corneille Cort, contemporain de Raphaël, d'après son dessin original.
Cette estampe est citée, sous le nom de Bataille des Eléphans, par Florent Lecomte, dans son ouvrage intitulé Cabinet des Singularités d'Architecture, Peinture, gravure &c. fol. 267, tom. 3, Catalogue

plan, ayant en mains des torches allumées, a déjà effrayé plusieurs éléphans et jeté la confusion parmi les autres.

Haut de 375, large de 765 c.

Ancienne mesure,
11 *pieds* 8 *p. sur* 21 *pieds* 9 *p.*

Cet article capital, retraçant une partie de l'histoire de Scipion l'Africain, doit être considéré dans les Arts comme le monument le plus respectable du génie de Raphaël, qui arrêtait ses ouvrages en grand au crayon noir, et les faisait ensuite peindre ou colorier sous ses yeux par ses elèves, et nommément par le célèbre Jules-Romain, qui passait toujours, dans ces grandes et belles compositions, le feu et l'énergie dont il était animé. Ces quatre Cartons, réunis aux quatre autres que possède le Gouvernement, décoraient, dans une dimension régulière de hauteur, le premier rang de la magnifique Galerie de Dessins du Musée, et ont fait pendant trois années l'admiration du Public, et plus particulièrement encore celle de nos célèbres Artistes et de leurs Ecoles. C'est

de l'oeuvre de Raphaël.
Par l'inspection de cette gravure, on jugera par approximation, de la Composition et du Site des quatre Cartons. /.

sans doute avec de grands regrets qu'ils ont vu disparaître ces chefs-d'œuvres d'un lieu d'où ils semblaient ne devoir jamais sortir; et aujourd'hui qu'il faut, par suite de circonstances, les livrer à la chaleur de l'enchère, nous sommes autorisés à croire que la chance d'une spéculation avantageuse avec quelques belles Galeries de l'Etranger, ne manquera pas de fixer l'attention des Commerçans dans cette brillante partie des Arts.

Nous prévenons les Amateurs, que l'article sera proposé en entier; mais que s'il ne se trouve pas d'Acquéreur pour la totalité, alors on divisera chaque Carton sous son numéro respectif.

5. P. VANNUCCI, dit le PERUGIN.

Figure du Christ vu debout, dans le simple mouvement d'écarter ses deux bras. Dessin précieux à la plume, où l'ignorance du tems ne laisse aucun doute sur son authenticité. Il provient de la riche Collection de *Bourlat.*

6. PAR LE MÊME.

Sujet de la Sainte Famille. Dessin à la pierre d'Italie, sur papier blanc.

7. RAPHAEL D'URBIN.

Un sujet de quatre figures à la plume, sur papier blanc, offrant la Sainte Vierge tenant son fils qui s'amuse à jouer avec le petit Saint Jean qui est dans les bras de Sainte Elisabeth. Morceau d'une composition noble et simple, provenant de la Collection *Cavaceppi*, à Rome.

8. PAR LE MÊME.

Belle Tête d'étude à la pierre noire et rehaussée de blanc, sur papier gris. Ce Dessin qui a souffert, paraît avoir été restauré, particulièrement dans le contour : néanmoins il est très-respectable.

9. D'après RAPHAEL.

Figure allégorique assise et drapée, tenant un Masque. Précieux Dessin au bistre, d'après ce Maître.

10. PIPI, dit JULES-ROMAIN.

Sujet allégorique ; composition de six figures, dans une forme cintrée. Dessin respectable par la force des expressions, qui a souffert particulièrement dans les parties du rehaussé d'or; il est néanmoins de première classe.

11. PIPI, dit JULES-ROMAIN.

Un autre précieux Dessin, aussi fait à la plume, représentant la figure d'un Satyre, le bras droit sur la tête et tenant un bâton.

12. PAR LE MÊME.

Savante Etude à la plume pour un sujet d'Apollon et Daphné. Dessin recommandable pour la beauté des caractères et l'esprit du contour.

13. PAR LE MÊME.

Belle figure de femme drapée dans le style antique et debout. Dessin de la première finesse dans le trait de plume, sur papier teinté.

14. PAR LE MÊME.

Départ pour la guerre; riche composition

d'une plume précieuse, dans le style des bas-reliefs antiques. Morceau recommandable.

15. CARPI (JÉROSME DA).

Dessin précieux à la plume; allégorie critique sur le mariage d'un vieillard conduit au lit nuptial par divers Faunes et Satyres. Morceau curieux paraissant indiquer le fragment d'un bas-relief antique.

16. BAROCHE (FRÉDÉRIC).

Un saint Religieux en extase à l'apparition du Christ et de la Vierge, qui sont portés dans une gloire. Dessin très-capital, fait à la plume et rehaussé de blanc, sur papier bleu.

17. PAR LE MÊME.

Forte Tête de vieillard. Etude de grand caractère, faite aux trois crayons, sur papier bleu.

18. ZUCCHERO (FRÉDÉRIC).

La Sainte Vierge sur son trône, et tenant

son fils qu'elle présente à plusieurs Saints et Saintes, caractérisés par leurs attributs. Beau Dessin, accompagné de la Gravure.

19. PAR LE MÊME.

Sujet de forme cintrée, représentant deux Pères de l'Eglise accompagnés de plusieurs Anges. Dessin terminé à la pierre noire mêlée d'estompe, pour les Peintures d'une voûte.

20. PAR LE MÊME.

Etude précieuse à la sanguine mêlée de pierre d'Italie. Sujet d'une femme à mi-corps et les mains jointes, ajustée d'un grand voile.

21. SACCHI (ANDREA).

La naissance de la Vierge. Bon Dessin à la pierre d'Italie, sur papier bleu.

22. ROMANELLI (JEAN-FRANÇOIS).

Belle femme, la moitié du corps nue, et appuyée sur une roche, relevant son voile : deux masques placés sur le devant indiquent une allégorie à la Vérité. Dessin gracieux et terminé à la pierre d'Italie mêlée de sanguine, sur papier blanc.

23. PAR LE MÊME.

Le Mariage de la Vierge; composition de dix figures faites à la plume, précieusement lavée d'encre de la Chine. Ce Dessin, d'une grande conservation, est aussi du meilleur choix.

24. PAR LE MÊME.

Précieux Dessin colorié; composition de six figures. Sujet de Mutius Scœvola, armé de son épée, tenant son poing sur un brasier.

25. PAR LE MÊME.

Sujet d'un sacrifice. Dessin terminé, lavé au bistre mêlé de sanguine et rehaussé de blanc, sur papier teinté.

26. MARATI (CARLO).

Deux Dessins sur la même feuille. Collection *Mariette*. Groupe ovale de deux Amours faits à la plume, et deux Religieux en adoration devant le Saint Sacrement. Beau croquis hardiment touché, sur papier blanc.

27. MARATI (CARLO).

Etude d'un Amour, vu par le dos. Précieux Dessin à la sanguine, sur papier blanc.

28. PAR LE MÊME.

Sujet de la Création, à la pierre noire, sur papier blanc; et un buste de Religieux. Croquis à la sanguine, par le Trévisan.

29. PAR LE MÊME.

Croquis à la pierre d'Italie, pour un sujet de Diane au bain.

30. PAR LE MÊME.

Tête d'un Amour, aux trois crayons, sur papier bleu.

31. CIRO FERRI.

Sujet du martyre d'une Sainte. Croquis à la plume, sur papier blanc.

32. PAULINO (CHARLES) DE SIENNE.

Petit sujet de la Sainte Famille. Croquis de goût et plein de feu. Il est fait à la plume, sur papier blanc teinté.

33. BERNIN (le Cavalier).

Projet de tombeau. Dessin arrêté à la plume et lavé de bistre.

34. PANINI, Fils.

Point de vue d'une partie intérieure de Saint-Pierre de Rome. Dessin soigné dans les détails des ornemens.

35. CADES (FRANÇOIS).

Saint Pierre dans une gloire, tenant les clefs du Paradis; deux Saintes, sur les premiers plans du sujet, semblent lui rendre des hommages. Dessin gracieux, fait à la plume et lavé d'encre de la Chine, sur papier blanc. Il n'est pas commun de rencontrer des compositions de cet habile graveur en creux et camées.

ÉCOLE FLORENTINE.

36. BUONAROTA (MICHEL-ANGE).

Très-précieux Dessin à la sanguine. Etude terminée d'un des Ouvrages qui se trouvent dans la chambre sixtine à Rome. Morceau de la plus grande rareté, qui a fait partie de la riche Collection de *Mariette*.

37. PAR LE MÊME.

Une belle feuille de Dessin, faite à la plume, où sont tracés, avec un grand art, une tête de caractère, et plusieurs croquis de figures d'Enfans.

38. PAR LE MÊME.

Croquis très-savant, fait à la plume, sujet de deux Figures, l'une assise et drapée, l'autre debout, tenant en l'air une espèce de bouclier.

Précieux Dessin portant le cachet de ce grand Maître.

39. PAR LE MÊME.

Groupe de Tritons. Dessin plein d'énergie, en forme de frise, et fait à la plume, largement lavé de bistre, sur papier teinté.

40. BACCIO BANDINELLI.

Un Dessin de la plus fière exécution. Sujet de la Sainte Famille, fait à la plume, sur papier blanc.

41. VANNUCHI (ANDRÉ), dit DEL SARTO.

Grand et capital Dessin, de forme ovale; composition de six Figures, sujet allégorique à l'Instruction et à l'Histoire. Morceau de première classe, fait à la pierre d'Italie mêlée d'estompe, sur papier blanc, et de la plus belle conservation.

42. VANNUCHI (André), dit del SARTO.

Précieuse Etude d'une figure de Saint Jean, faite à la sanguine, sur papier grisâtre.

43. Par le même.

Belle figure de Femme, largement drapée. Précieux et rare Dessin à la sanguine, sur papier blanc teinté.

44. Par le même.

Etude d'une figure d'Apôtre, assise et drapée, faite à la sanguine, sur papier blanc.

45. CAROUCCI (Jacques), dit le PONTORME.

La Vierge sur un trône, accompagnée de Jésus qui est soutenu debout par Joseph, et recevant les adorations de deux Saints, et plusieurs Anges; composition noble et de grand style, faite à la plume et lavée de bistre, sur papier blanc. Morceau capital et de première classe.

46. PENNI (JACQUES).

Esquisse en grisaille et à l'huile, sur papier monté en Dessin ; composition de quatorze figures, sujet d'un Repas, tiré de la Fable. Morceau précieux pour une collection, indiquant le style de Raphaël, dont ce Maître a été le disciple.

47. BRONZINO (AGNOLA).

Sujet de plusieurs Nymphes qui portent un Guerrier qu'elles semblent avoir retiré de la mer; indication donnée par une belle figure de Fleuve qui est à la droite. Dessin de caractère, vigoureusement lavé au bistre.

48. ROSSO (le), dit Maître ROUX.

Dessin d'une riche ordonnance. Sujet emblématique, où l'on voit un Guerrier prosterné devant la Vierge qui tient son fils dans ses bras. Morceau arrêté à la plume, légérement lavé au bistre avec quelques rehaussés de blanc. Belle conservation et de première classe.

49. PERIN DEL VAGA.

Grand et capital Dessin fait à la plume et lavé de bistre, sur papier blanc teinté. Il représente le sujet de la Création : Adam est endormi et couché sur le devant du sujet, tandis qu'Eve paraît supplier le Père Eternel qui est debout dans le caractère et l'ajustement de draperie qui lui appartient.

50. CECCHINI (FRANÇOIS), dit SALVIATI.

Le Miracle des cinq pains d'orge et des poissons; composition de plus de quarante figures, précieusement arrêtée à la plume et lavée de bistre. Dessin très-beau et capital, dans une forme ronde, monté à la hollandaise.

51. PAR LE MÊME.

Savant et précieux croquis pour un sujet d'une Descente de Croix; composition d'un grand mouvement et savamment groupée. Il est fait à la plume et légérement colorié de bistre.

52. PAR LE MÊME.

Apollon dans son char attelé d'un quadrige. Dessin très-fin à la plume, sur papier blanc.

53. VASARI (GEORGES), dit le Jeune.

Riche composition à la plume et lavée de bistre, sur papier blanc. Sujet des forges de Vulcain, pour les peintures d'un fond de galerie, au-dessus de trois portes qui sont tracées dans le premier plan du Dessin.

54. PAR LE MÊME.

Quatre figures allégoriques, ayant leurs attributs, et supportant un écusson d'armoiries surmontées d'une couronne. Dessin précieux dans ses détails et fait à la plume, sur papier blanc. Il est de forme cintrée.

55. VANNIUS (FRANÇOIS).

Un saint Evêque et un Religieux prosternés à l'apparition d'une Gloire. Dessin d'une grande finesse, à la plume, lavé au bistre et légérement rehaussé de blanc, sur papier gris.

56. SALIMBENI (VENTURA).

Une sainte Religieuse imposant les mains sur la tête d'un jeune Monarque qui est prosterné: il est accompagné de différens personnages qui indiquent le plus profond respect. Dessin d'une plume savante et lavé au bistre, sur papier blanc.

57. BERETINI (P.), dit de CORTONE.

Guerrier dans une arêne, combattant un lion en présence d'une multitude de soldats. Beau Dessin à la plume, lavé au bistre et légérement rehaussé de blanc.

58. PAR LE MÊME.

Les filles de Géthro recevant les serviteurs d'Abraham qui leur apportent des présens. Composition très-riche, à la plume, lavée d'encre de la Chine, sur papier bleu. Dessin capital.

59. PAR LE MÊME.

Sujet de la Sainte-Famille. Dessin précieux, fait à la plume et légérement lavé, sur papier blanc.

60. PAR LE MÊME.

Un autre Dessin d'une rare beauté. Sujet du Centenier prosterné, recevant la bénédiction de Jésus-Christ accompagné de deux de ses Disciples. Morceau fait au bistre et rehaussé de blanc, sur papier teinté.

61. PAR LE MÊME.

Etude d'Ange portant un candelabre. Dessin à la pierre d'Italie, sur papier blanc.

62. GENTILESCHI (HORACE).

Un sujet de Sainte-Famille. Précieux Dessin arrêté à la plume, lavé de bistre et rehaussé de blanc, sur papier gris. Morceau de première classe et d'une parfaite conservation.

63. BOSCOLI (ANDREA).

Précieux Dessin à la plume, lavé au bistre, sur papier blanc. Composition de six figures, indiquant le sujet de la prise de profession d'un moine.

64. PANINI (JEAN-PAUL).

Dessin de ruines de monument, précieusement exécuté à l'encre de la Chine et rehaussé de blanc.

ÉCOLE VÉNITIENNE.

65. BARBARELLI (GEORGES), dit le GIORGION.

Etude d'une demi-figure vue par le dos. Précieux Dessin à la plume, de la plus savante anatomie.

66. ROBUSTI (JACQUES), dit le TINTORET.

Sujet d'un personnage prêchant la Foi dans un temple payen, où l'un de ses Ministres lui porte un coup d'épée. Morceau d'un grand goût de plume, lavé au bistre, sur papier blanc. Composition des plus riches.

67. PAR LE MÊME.

Un Dessin de première classe et très-capital, offrant le sujet de plusieurs Martyrs dans un souterrain, et visités par un Ange qui leur annonce les récompenses du Ciel. Morceau admirablement arrêté à la plume, lavé à l'encre de la Chine et rehaussé de blanc, sur papier gris.

68. FRANCO (JEAN-BAPTISTE).

Jésus-Christ porté au sépulcre. Grande composition, d'une plume savante et énergique, sur papier blanc. Dessin précieux et d'une belle conservation.

69. MUTIAN (JÉROME).

La Vierge sur un trône et entourée des Apôtres. Dessin capital, fait à la plume et lavé d'encre de la Chine.

70. CALLIARI (PAUL), dit VÉRONÈSE.

Apparition d'un Ange à un Grand Prêtre qui est appuyé sur un autel. Ce personnage est accompagné d'un Evangéliste. Dessin précieux à la plume, ombré d'encre de la Chine et rehaussé de blanc, sur papier bleu.

71. PAR LE MÊME.

Forte Tête à la pierre noire mêlée de pastel. Savante Etude pour un sujet de moine.

72. FARINATI (PAUL).

Un Empereur, entouré de ses Généraux, trouve sur son passage une mère éplorée et sa famille qui accusent un jeune homme d'être le père d'un enfant, et réclament sa justice. Composition de grand style et d'une plume hardie, lavée au bistre, sur papier blanc.

73. PALME (FRANÇOIS).

Joli croquis à la plume, et forme d'une frise en ovale, sur papier blanc.

74. LIGOZIO (JACQUES).

Figure d'un Ange portant un candelabre. Dessin de caractère, à la plume et lavé de bistre, sur papier blanc.

75. TRÉVISANI (FRANÇOIS).

Etude d'une Vestale drapée, de beau style, ayant un voile sur la tête : elle est debout et placée sur un espèce de piédestal.

76. TIARINI (JEAN-BAPTISTE).

Couronnement de la Vierge dans une gloire, avec cinq figures sur les premiers plans, dont deux Moines, un personnage coiffé d'un turban, etc. Dessin à la plume et au bistre, mêlé de sanguine.

ÉCOLE LOMBARDE.

77. MAZZUOLI (FRANCOIS), dit le PARMESAN.

Composition d'une Bataille des Romains, d'après les peintures de Raphaël. Morceau arrêté à la plume et lavé de bistre, qui a malheureusement souffert, mais qui est encore respectable pour une collection.

78. PAR LE MÊME.

Précieux Dessin à la plume, sur papier blanc, d'une figure pittoresque d'un soldat buvant dans un vase.

79. PAR LE MÊME.

Un Ange sur des nuages, et tenant les attributs de la Passion du Sauveur. Dessin de goût, fait à la plume, sur papier blanc.

80. PAR LE MEME.

Sujet d'un Philosophe dans les fers, auquel se présente un homme qui tient un sabre. Bon Dessin à la plume, lavé au bistre.

81. CARRACHE (LOUIS).

Assemblée de Saints et Martyrs à l'apparition de la Vierge qui se montre à eux dans sa gloire. Dessin très-fin de plume, et de forme cintrée, légérement lavé.

82. PAR LE MÊME.

Grand Dessin à la plume et cintré; riche composition indiquant un sujet des récompenses du Ciel. Ouvrage capital qui présente la grande imagination de ce célèbre Artiste.

83. PAR LE MÊME.

Patriarche prosterné devant la Vierge, elle tient son fils devant elle, et est soutenue par une gloire d'Anges. Dessin capital terminé à la plume et lavé de bistre, avec une admirable intelligence.

84. CARRACHE (Louis).

Dessin terminé à la plume, sur papier blanc; sujet d'une femme enveloppée d'une grande draperie et accompagnée d'un enfant qui paraît souffrir. Morceau de caractère digne de son auteur.

85. Par le même.

Repos de la Sainte Famille dans un Paysage. La Vierge est assise tenant son fils dans ses bras, tandis que Joseph est occupé à lire: Précieux et magnifique Dessin arrêté à la plume, sur papier blanc.

86. Par le même.

Un sujet de l'Amour maternel personnifié par une belle Femme accompagnée de trois Enfans, dont un est sur son sein. Dessin précieux fait à la plume, sur papier blanc.

87 Par le même.

Précieux Dessin de paysage à la plume, avec

figure d'un Napolitain qui fait abreuver son âne à un lac, sur le devant du sujet.

88. PAR LE MÊME.

Trois petits Dessins très précieux, Portraits de jeunes Artistes, faits à la plume, sur papier blanc.

89. CARRACHE (AUGUSTIN).

Un grand et magnifique Dessin de paysage, à la plume, sur papier blanc, offrant les plus riches détails dans les arbres, les figures et les oiseaux, qui se trouvent enrichir les premiers plans, parmi des roseaux.

90. PAR LE MÊME.

Etude précieuse du sujet de la Communion de Saint Jérôme, faite à la sanguine.

91. CARRACHE (ANNIBAL).

Grande et riche composition, sujet d'un couronnement d'épines, fait au trait de sanguine et largement lavé à l'encre de la Chine, sur papier bleuâtre. Morceau très-capital et d'une belle conservation.

92. CARRACHE (ANNIBAL).

Deux beaux Dessins de paysage à la sanguine. Dans l'un est un sujet de la Sainte Famille fuyant en Egypte.

93. PAR LE MÊME.

Etude d'une demi-figure d'homme jouant d'un instrument. Bon Dessin à la sanguine, sur papier blanc.

94. PAR LE MÊME.

Projet de tombeau et épitaphe. Morceau arrêté à la plume et légérement lavé de laque.

95. PAR LE MÊME.

Fragment de sujet d'un Père de l'Eglise et un Martyr. Beau Dessin fait au bistre et rehaussé de blanc.

96. CAVEDONE (JACQUES).

Un Saint Religieux se résignant au martyr,

en élevant son ame au Ciel; un Ange lui apporte la palme et la couronne. Beau Dessin d'une plume hardie et arrêtée, sur papier blanc.

97. RENI (GUIDO).

Groupe de deux figures pour un sujet de la fable; précieux croquis arrêté à la sanguine, sur papier blanc.

98. PAR LE MÊME.

Sujet de la Sainte Famille. Croquis très-spirituel, fait à la plume, sur papier blanc.

99. PAR LE MÊME.

Sujet de Vierge. Joli croquis à la plume.

100. CANTARINI (S.), dit le PESARÈZE.

Loth accompagné de ses deux filles, quittant la ville de Sodome. Morceau exécuté avec feu, à la plume, lavé au bistre et rehaussé de blanc.

101. PAR LE MÊME.

Feuille de différentes pensées de figures, à la

plume, et un croquis à la sanguine. Sujet de l'Assomption de la Vierge.

102. PAR LE MÊME.

Sujet de la Crèche. Charmant croquis à la plume, sur papier blanc.

103. ZAMPIERI (DOMINIQUE), dit le DOMINIQUIN.

Un Dessin très-capital et de première classe; composition de neuf figures, offrant le sujet de Jésus-Christ portant sa croix. Morceau d'une exécution savante, à la plume, lavé d'encre de la Chine et légérement rehaussé de blanc, sur papier bleu.

104. PAR LE MÊME.

Plusieurs croquis d'un sujet de Vierge, faits à la plume.

105. LANFRANC (JEAN).

L'Ascension du Sauveur. Dessin d'une plume

très-spirituelle, lavé à l'indigo, sur papier blanc.

106. PAR LE MÊME.

Un autre Dessin d'une plume énergique, et lavé de bistre. Sujet du Pere Eternel porté par trois Anges.

107. BARBIERI da Cento, dit le GUERCHIN.

Sujet d'un Vieillard accompagné de deux Enfans; groupe très-intéressant et d'une plume arrêtée et vigoureuse. Dessin recommandable, provenant du riche Cabinet de Bourlat. On le croit gravé dans la même manière.

108. PAR LE MÊME.

Groupe de trois figures de Femmes. Belle étude à la plume, mêlée de bistre, pour un sujet de Diane au bain.

109. PAR LE MÊME.

Jésus-Christ entre deux bourreaux et insulté

par eux. Morceau plein d'expression, légérement tracé à la plume et coloré au bistre.

110. BARBIERI da Cento, dit le GUERCHIN.

Dessin de paysage, à la plume, couleur de bistre, avec petites figures de pâtres Italiens, près d'un tronc d'arbre, sur la droite du sujet. Morceau précieux.

111. PAR LE MÊME.

Dessin de Paysage, d'une plume facile et énergique, avec diverses figures. Il est lavé de bistre, et désigné sous le titre de l'*Enterrement de l'Hermite.*

112. PAR LE MÊME.

Croquis d'un sujet de Madeleine, fait à la sanguine, sur papier blanc : la tête plus arrêtée offre une grande expression.

113. PAR LE MÊME.

Un autre croquis à la sanguine, pour un

sujet de Saint Barthélemi, martyr. Ce Dessin présente encore le grand Maître.

114. PAR LE MÊME.

Très-petit Dessin. Sujet de Vierge tenant l'enfant Jésus. Croquis plein de sentiment, à la sanguine, sur papier blanc.

115. PAR LE MÊME.

Très-agréable groupe de six figures. Sujet de la Sainte Famille. Dessin à la plume, lavé d'encre de la Chine.

116. PAR LE MÊME.

Figure de Femme, à mi-corps, les mains jointes. Etude à la plume, sur papier blanc.

117. GRIMALDI (FRANÇOIS), dit le BOLOGNÈSE.

Beau paysage mêlé de monumens. Dessin facilement exécuté à la plume, lavé d'encre de la Chine, sur papier bleu.

118. MOLA (FRANÇOIS).

Madeleine pénitente, dans un fond de paysage. Croquis d'une plume énergique, sur papier blanc.

119. PAR LE MÊME.

Un autre précieux croquis à la plume, pour un sujet de chasse.

120. CIGNIANI (CHARLES).

Deux différens sujets. Croquis à la sanguine, sur papier bleu.

121. CRESPI (MARIA).

Sujet de deux demi-figures. Croquis à la plume, mêlé de sanguine, sur papier blanc.

ÉCOLE NAPOLITAINE.

122. RIBERA (J.), dit l'ESPAGNOLET.

Précieux Dessin à la plume. Sujet d'une Bacchante avec un Satyre et un Enfant.

123. VELASQUES (DIEGO).

Portrait d'un Grand d'Espagne. Croquis à l'encre de la Chine.

124. D'ARPINAS, dit JOSEPIN.

Dessin de caractère, fait à la sanguine, rehaussé de blanc. Sujet d'Apollon se disposant à punir Marsias.

125. PAR LE MÊME.

Un sujet de la Tentation de Saint Antoine, dans le moment où le Christ lui apparaît. Dessin arrêté précieusement à la plume, rehaussé de blanc et lavé d'encre de la Chine.

126. SALVATOR ROSA.

Une feuille de Dessins, contenant cinq Etudes de têtes et deux figures, croqués à la plume, avec autant d'art que de finesse.

127. JORDANE (LUCAS).

Croquis à la plume, offrant diverses idées de figures ou têtes.

128. CONCA (SÉBASTIEN).

Un petit sujet de Vierge. Croquis à la plume.

129. PIOLA (JOSEPH).

Sujet d'un saint Evêque poursuivi par un assassin; composition de douze figures à la plume, lavée de bistre et rehaussée de blanc, sur papier bleu. Très-beau Dessin par son exécution savante et en même tems soignée.

ÉCOLE GÉNOISE.

130. CANGIAGE (LUCAS).

Un Hermite détourné de ses méditations par plusieurs Faunes qui semblent le menacer. Dessin d'une plume hardie, lavé de bistre.

131. PAR LE MÊME.

Triomphe d'Amphitrite. Dessin d'un plume hardie, et lavé de bistre.

132. BISCAINO (BARTHÉLEMI).

Très-beau Dessin en ovale, fait à la sanguine, rehaussé de blanc, représentant l'Adoration du Saint-Sacrement, et l'Ange exterminateur terrassant les Vices.

133. ÇASTIGLIONE (JEAN-BENOIST).

Agar dans le désert avec son fils mourant,

et secourue par l'Ange. Dessin au pinceau à l'huile, sur papier bistré.

134. GAULI (JEAN-BAPTISTE).

Sujet de la Crèche. Riche composition à la plume, sur papier blanc.

135. PAR LE MÊME.

Un autre à la plume, rehaussé de blanc et lavé de bistre. Sujet d'un Repos de la Sainte-Famille.

136. CITADINO (FRANÇOIS), dit le MILANAIS.

Paysage dessiné à la plume, légérement lavé de bistre, avec figures, dont un homme qui pêche près d'un pont.

137. Trois Dessins divers, dont une Figure d'un roi, à la sanguine; Combat d'un lion contre un dragon; et un Portrait de femme.

138. Deux autres Dessins. Sujet d'un Sacri-

fice dans un temple payen, et Saint Sébastien accompagné de deux Anges.

ÉCOLE FRANÇAISE.

---

139. BOURDON (SÉBASTIEN).

Sujet du martyre de Saint Pierre. Riche composition à la plume, lavée de bistre, sur papier blanc.

140. POUSSIN (NICOLAS).

Le Christ mort, descendu de la croix et étendu sur un linceul; Joseph d'Arimathie est prosterné, les mains jointes, et dans l'expression de la douleur; la Sainte Vierge, également affligée, est debout dans une attitude aussi noble que naturelle. Dessin de la première classe, fait aux trois crayons, mêlé de pastel. Cet article est digne de l'attention des vrais amateurs du grand beau.

141. POUSSIN (Nicolas).

Sujet d'une Bacchanale composée de Bacchantes, Satyres et Enfans, dans un site de paysage. Beau Dessin à la plume, et largement lavé de bistre.

---

142. Par le même.

Deux autres Dessins, légérement tracés à la plume : Combat d'un lion contre un loup ; et Berger jouant de la flûte de Pan, etc.

143. Par le même.

Croquis d'un Guerrier à cheval, combattant trois hommes armés de leur arc, dans l'attitude de lancer des flêches, avec un sujet de Sacrifice, par *La Hire*.

144. Par le même.

Sujet de Vierge, où sont des Religieux prosternés en adoration. Dessin soigné, à la plume et lavé de bistre, sur papier d'Italie, grisâtre.

145. PAR LE MÊME.

Joli Dessin au bistre, mêlé de sanguine. Sujet d'une Cérémonie de mariage, d'après un bas-relief antique.

146. PAR LE MÊME.

Croquis à la plume, pour un sujet du Triomphe d'Amphitrite.

147. LE SUEUR (EUSTACHE).

Suite capitale et précieuse de douze Etudes de figures drapées, faites à la pierre noire et rehaussées de blanc, sur papier de différentes teintes. Il paraîtra sûrement curieux et intéressant aux amateurs des grandes pensées et expressions du Raphaël de la France, d'avoir conservé le rassemblement de ses douze sublimes et magnifiques Dessins, qui présentent un des articles importans de cette Collection. Nous avons même été invité de ne les point diviser.

148. PAR LE MÊME.

Un Empereur ordonnant le supplice d'un

Martyr ; composition des plus capitales de ce grand Artiste. Ce beau Dessin est fait à la pierre d'Italie, sur papier blanc.

149. PAR LE MÊME.

Sujet des Filles de Géthro recevant les Envoyés d'Abraham ; composition d'une riche ordonnance, légérement tracée à la pierre d'Italie, sur papier blanc.

150. PAR LE MÊME.

Un autre Dessin. Croquis à la pierre noire et lavé à l'encre de la Chine, indiquant un fragment d'un sujet de l'Ecriture Sainte.

151. VOUET (SIMON).

Deux belles Etudes de figures drapées, faites à la pierre d'Italie et rehaussées de blanc, sur différens papiers.

152. PAR LE MÊME.

Une autre belle Etude d'une figure drapée, aussi à la pierre noire, sur papier gris.

153. HIRE (LAURENT de la).

Composition très-riche, offrant le sujet de l'Adoration des Mages. Dessin au trait de pierre d'Italie, lavé de bistre.

154. PAR LE MÊME.

Trois petits Dessins très-fins, sur la même feuille. Différentes compositions pour un sujet de Vierge exécuté en grand par cet Artiste.

155. PERRIER (JEAN LOUIS).

Deux Dessins à la pierre noire; l'un, sujet du Christ agonisant, dit de *Van Vitelli*; et l'autre, le Tems coupant les ailes à l'Amour, par *Perrier*.

156. LEBRUN (CHARLES).

Sujet d'un vœu à la Sainte Vierge; composition d'une belle ordonnance, exécutée à la pierre d'Italie, légérement lavée d'encre de la Chine, sur papier blanc.

157. LE BRUN (CHARLES).

Trophée allégorique à la gloire de Louis XIV, dont le médaillon est suspendu à un palmier. Dessin arrêté à la pierre noire et lavé d'encre de la Chine, sur papier blanc.

158. PAR LE MÊME.

Etude d'une figure de Femme, vue à mi-corps. Elle est faite à la sanguine.

159. PAR LE MÊME.

Un autre bon Dessin, au trait de sanguine. Groupe d'un trophée d'armes, et figures allégoriques.

160. MIGNARD (PIERRE).

Sujet d'un concert d'Anges. Précieuse Etude à la plume, légérement lavée, sur papier bleuâtre.

161. PAR LE MEME.

Précieuse Etude d'un Amour, faite à la pierre d'Italie, sur papier blanc.

162. WATTEAU (ANTOINE).

Cinq différentes Etudes, dessinées avec autant d'esprit que de finesse : un Joueur de guitare; Portrait d'un Mezetin; deux autres Têtes, sur la même feuille; les Petits Chats, etc.

163. PAR LE MÊME.

Cinq autres précieuses études, sur trois feuilles. Figures drapées, têtes et mains.

164. BOITARD (JEAN-FRANÇOIS).

Très-grand Dessin, facilement fait à la plume. Sujet du philosophe Diogène dans son tonneau et visité par Alexandre.

165. BOUCHARDON (EDME).

Le sujet de l'Adoration des Mages. Précieux et capital Dessin à la sanguine, sur papier blanc.

166. PAR LE MÊME.

Deux autres magnifiques Dessins, aussi à la

sanguine. Premières pensées pour les grandes compositions des Fêtes Lupercales.

167. BOUCHARDON (Edme).

Deux Desssins à la sanguine. Belle académie de Femme, et un Titre de ses Ouvrages pour son ami *Mariette*, qui en a possédé nombre de Compositions et Etudes.

168. NATOIRE (Charles).

Dessin très-fin de plume et lavé à l'encre de la Chine. Sujet de la Madeleine pénitente. Joli Dessin dans le goût italien.

169. Par le meme.

Un autre Dessin encore très-fin. Sujet d'une Apothéose. Riche composition à l'encre de la Chine, sur papier blanc.

170. BOUCHER (François).

Etude d'une jolie Villageoise se reposant sur un vase. Morceau de goût, à la pierre noire mêlée d'estompe.

171. LE PRINCE (JEAN-BAPTISTE).

Etude de figure d'une jeune Femme dans le costume russe, faite à la sanguine, sur papier blanc.

172. L'ÉPICIER (J.-F.).

Dessin précieusement terminé à l'encre de la Chine, sur papier blanc. Sujet d'un saint Religieux en extase devant une Gloire de Chérubins.

173. PERIGNON (CHARLES).

Deux précieux Dessins de paysages lavés au bistre, sur papier blanc. Etudes d'après nature, dans son voyage en Suisse.

174. VERNET (JOSEPH).

Brillante Etude d'arbres et rochers, avec figures de pêcheurs. Beau Dessin, largement fait, à la pierre noire mêlée d'estompe.

175. LALLEMAND (JACQUES).

Point de vue d'Italie, avec sujet d'un Charlatan sur son théâtre. Dessin des plus terminés de cet Artiste. Il est touché avec goût, à la plume et lavé d'encre de la Chine, sur papier blanc.

176. GREUSE (JEAN-BAPTISTE).

Sujet d'une vieille Grand'mère accompagnée de ses petits enfans. Croquis plein d'expression, fait à la plume et lavé d'encre de la Chine, sur papier blanc.

177. PAR LE MÊME.

Croquis à la plume et lavé d'encre de la Chine. Composition de caractère pour un sujet de Geneviève de Brabant.

378. FRAGONARD (HONORÉ).

Joli sujet d'Intérieur, qui paraîtrait avoir été gravé pour un Ouvrage. La composition offre le sujet d'un repas.

179. ROBERT (HUBERT).

Dessin historique, offrant le sujet d'un fameux geolier de prison pendant son sommeil. Morceau frappant de ressemblance et de caractère. Il est précieusement tracé à la plume et lavé à l'aquarelle.

180. LAGRENÉE, Jeune.

Piquant Dessin lavé à l'aquarelle. Sujet de Jésus-Christ au Jardin des Olives, dans un riche fond de paysage.

181. WILLE, Père, et DUMONT.

Deux Dessins de paysages, à la sanguine, sur papier blanc.

182. MOITTE.

Figure d'une belle Femme grecque assise, ayant devant elle un Génie ailé qui lui présente un Portrait. Morceau purement exécuté à la pierre d'Italie, lavé d'encre de la Chine, pour être gravé sous ce titre : *Le Génie de l'imagination fait supporter l'absence.*

183 DENON.

Quatre petits Dessins sur la même feuille : Bustes de caractère, précieusement dessinés à la mine de plomb, sur papier blanc.

184. CHATELET.

Deux différentes vues de Palais, dessinées avec soin à la pierre d'Italie, sur papier blanc.

185. WILLE, Fils.

Belle tête de Vieillard, faite de bistre, à la plume, sur papier blanc. Etude précieuse, à comparer aux Ouvrages du célèbre *Denner*.

186. PALMERIUS.

Beau Dessin à la plume, lavé de bistre. Sujet de Pâtres avec Animaux ; on y remarque un jeune Enfant jouant sur une Vache qui est couchée sur le premier plan.

187. PAR LE MÊME.

Un autre Dessin. Croquis de différentes Egures de caractère, et fait à la plume, sur papier teinté de bistre.

188. LELU (PIERRE).

Dessin d'une plume énergique. Sujet de trois figures qui indiqueraient Caïn furieux, retenu par sa femme au moment où un Ange lui apparaît. Morceau justifiant les grands talens de cet Artiste, qui a gravé avec succès.

ÉCOLE FLAMANDE.

---

189. HOLBEIN (JEAN).

Un petit Dessin très-précieux; sujet d'une figure drapée. Il est arrêté à la plume et rehaussé de blanc; et un autre Dessin, figure d'un Cardinal. Maître inconnu.

190. CALVART (DENIS).

Sujet du Sacrifice d'Abraham. Précieux Dessin à la plume, lavé de bistre.

191. BRIL (PAUL).

Précieux Dessin de paysage à la plume, avec sujet de chasse au cerf.

192. VENIUS (OTTO).

Portrait d'un Cardinal. Dessin à l'huile, sur papier, avec riche encadrement d'enfans et accessoires au pourtour.

193. MOL (ADRIEN VAN).

Sujet de Diogène; composition de sept figures, spirituellement croquée à la pierre d'Italie.

194. RUBENS (PIERRE PAUL).

La mort d'Alexandre; riche composition du même sujet que cet habile Artiste a peint à Rome. Dessin très-capital et des plus terminés, qui avait été fait pour un des premiers ducs de Luynes. Il est lavé au bistre et colorié. Sa forme est octogone.

195. PAR LE MÊME.

Un autre Dessin encore très-capital et des plus soignés de ce grand Artiste, représentant le sujet de Job entouré de ses amis, et dans le moment où sa femme lui fait des reproches sur sa misère. Ce morceau de caractère est dans une forme cintrée en hauteur, fait à la plume, lavé d'encre de la Chine et rehaussé de blanc.

196. PAR LE MÊME.

Deux Études de figures de femmes assises et drapées largement. Ces deux Dessins, d'un trait fin et de goût, sont faits à la pierre d'Italie, rehaussés de blanc, sur papier gris.

197. DYCK (ANTOINE VAN).

Très-beau croquis à la plume d'un groupe de figures, pour le sujet de l'Adoration du serpent d'airain.

198. PAR LE MÊME.

Un autre Dessin artistement croqué à la

plume. Sujet de l'entrée de Jésus-Christ dans Jérusalem.

199. DYCK (ANTOINE VAN).

Très-beau Portrait d'un Artiste, dessiné à la pierre noire mêlée d'estompe.

200. PAR LE MÊME.

Un autre Dessin à la plume, figure drapée dans le costume espagnol.

201. SNYDERS (FRANÇOIS).

Boutique d'un Marchand de poisson. Très-beau Dessin à la plume, lavé d'encre de la Chine.

202. JORDAENS (JACQUES).

Sujet du Satyre chez le Paysan. Croquis au bistre, légérement colorié.

203. PAR LE MÊME.

Un autre bon Dessin fait comme le précédent. Sujet de la Sainte-Famille.

204. MIEL (JEAN).

Etude d'une figure de paysan dans l'attitude de marcher. Dessin d'une touche précieuse, à la pierre noire, rehaussé de blanc.

205. BAUDWINS.

Un beau Dessin de paysage, fait à la plume et colorié à l'aquarelle. Les ouvrages de cet Artiste estimable sont très-rares.

206. MICHAUD (THÉOBALDE).

Joli Dessin à la plume. Point de vue de la Flandre et canal glacé, avec nombre de figures de patineurs et de gens qui vont en traîneau.

ÉCOLE HOLLANDAISE.

---

207. REMBRANDT (VAN RHIN).

Précieux croquis à la plume. Sujet de l'Apparition des Anges aux Saintes Femmes.

208. REMBRANDT (VAN RHIN).

Un Dessin très-heurté à la sanguine. Sujet de la Cêne.

209. PAR LE MÊME.

Un autre croquis à la plume. Sujet d'un Martyr dans un intérieur de prison.

210. PAR LE MÊME.

Un croquis à la plume; composition de diverses figures, dont un vieillard qui descend les marches d'un temple.

211. PAR LE MÊME.

Une autre composition de deux figures, indiquant une première idée pour le sujet du Sacrifice d'Abraham.

212. PAR LE MÊME.

Un croquis à la plume. Sujet du Baptême de l'Eunuque.

213. PAR LE MÊME.

Un autre fragment du sujet de Saint Pierre marchant sur les eaux.

214. PAR LE MÊME.

Une autre composition de quatre figures prosternées devant un Ange.

215. FLINCK (GOVAERT).

Croquis d'un grand effet et artistement touché à la plume. Sujet d'Agar visitée par un Ange qui lui indique une source pour ranimer son fils mourant.

216. PAR LE MÊME.

Un autre croquis pour un sujet de la Maladie de la Vierge.

217. GUELDER (ARNOULT DE).

Croquis à la plume pour un sujet du charitable Samaritain.

218. WERF (ADRIEN VAN DER).

Petit Dessin. Croquis à la mine de plomb. Sujet de l'Adoration des Bergers. Joli et rare échantillon de ce Maître.

219. PAR LE MÊME.

Deux autres petits Dessins d'une grande finesse, et terminés à la mine de plomb, sur vélin. Sujet de deux Bustes de caractère; l'un dans l'expression de rire, et l'autre de chanter. Articles précieux et rares pour une collection.

220. MIÉRIS (FRANÇOIS).

Etudes de trois jolis chiens épagneuls, sur deux feuilles. Précieux Dessins à la pierre d'Italie, sur papier blanc.

221. PAR LE MÊME.

Précieuse étude d'un joli chien épagneul, faite à la pierre d'Italie, sur papier blanc.

222. VELDE (GUILLAUME VAN DE).

Charmant Dessin de marine, avec nombre de vaisseaux et barques tracés avec une plume très-spirituelle, et lavé d'encre de la Chine. Morceau précieux et d'une riche composition.

223. PAR LE MÊME.

Un autre Dessin encore très-fin. Sujet de marine, avec navires et barques; moins riche de détails que le précédent, mais toujours d'une touche précieuse et spirituelle.

224. BERGHEM (NICOLAS).

Un Dessin. Croquis terminé à la pierre d'Italie mêlée d'encre de la Chine. Sujet d'un Pâtre jouant de la flûte auprès d'une Villageoise, et gardant quelques moutons dans un fond de paysage.

225. PAR LE MÊME.

Un autre Dessin terminé au bistre, composé pour servir de frontispice à un Ouvrage.

226. BOTH (JEAN).

Etude de divers bâtimens, fabriques et pont en ruine, lavée au bistre, sur papier blanc.

227. RUISDAEL (JACQUES).

Deux jolies Etudes de paysages à la pierre d'Italie, sur papier blanc.

228. HALS (FRANÇ.).

Tête d'homme à la pierre noire mêlée de sanguine, avec une feuille remplie de petites Etudes de figures, par *Michaud Théobalde.*

229. WOUVERMANS (PIERRE).

Etude précieuse et terminée, d'un mauvais Cheval d'attelage, faite à la sanguine, sur papier blanc.

230. PINACKER (ADAM).

Etude de roche et broussailles, artistement lavée à l'encre de la Chine.

231. BEGA (CORNEILLE).

Intérieur d'un ménage de matelot hollandais. Composition de sept Figures, précieusement terminée à la pierre d'Italie, sur papier blanc.

232. ROGMANS.

Deux Dessins du plus grand effet. Etude d'après nature, représentant différens points de vue de monumens hollandais. Ils sont faits à la pierre noire, lavés à l'encre de la Chine, avec la plus grande intelligence de clair obscur. Article recommandable.

233. KESSEL (VAN) et HACKERT.

Deux petits Dessins de paysages, l'un à la pierre noire, l'autre à la plume, et lavés de bistre.

234. ASSELIN (JEAN).

Petit Dessin de paysage à l'encre de la

Chine, piquant d'effet, et d'une touche libre et de goût.

235. LEDUC (JEAN).

Etude précieuse d'un soldat cuirassé, vu par le dos.

236. ZAGT-LEVEN.

Assemblée de singes, hiboux et autres animaux, dans un vaste souterrain. Composition plaisante, faite à la pierre noire et légérement coloriée, mêlée d'encre de la Chine.

237. BATTEM (VAN).

Un très-précieux Dessin à l'encre de la Chine et rehaussé de blanc. Sujet de l'Adoration des Mages, offrant une composition aussi riche que piquante. C'est à juste titre que la finesse et le grand effet des Ouvrages de ce Maître les font rechercher.

238. GOYEN (JEAN VAN).

Un charmant Dessin à la pierre d'Italie:

vue d'un canal au bord, avec barques à la voile, et un autre petit Dessin de paysage, aussi à la pierre noire, par Van der Cabel.

239. PAR LE MÊME.

Deux autres jolis Dessins de paysage, faits comme le précédent.

240. MARSEUS (JEAN DE JONGE).

Etude d'un Cavalier vêtu dans le costume espagnol. Dessin soigné à la pierre noire, sur papier blanc.

241. CLOMP.

Bon Dessin aux crayons noir et blanc. Etude d'animaux.

242. VITRINGA (JEAN).

Un joli Dessin colorié, point de vue d'un village au bord d'un grand canal, avec figures de paysans qui conduisent leurs bestiaux.

243. TERHEINPEL.

Paysage avec chaumière dessinée facilement

à la plume, et lavé d'encre de la Chine, sur papier blanc.

244. MEER (Van der).

Deux jolis Dessins de paysages légérement coloriés, avec marche d'animaux dans l'un, et paysanne portant un paquet sur sa tête, etc.

245. GOLTIUS (Henri).

Antiope accompagnée de l'Amour, endormie dans un paysage et surprise par des Satyres. Etude terminée dans la figure de cette Nymphe. Crayon rouge et noir, sur papier gris.

246. RIDINGER.

Deux Dessins à la pierre d'Italie, aussi rares que précieux, offrant des cerfs, biches et daims avec de beaux fonds de paysage. Les Estampes seront jointes à cet article de première classe dans son genre.

247. GOLE (Van).

Point de vue d'un paysage et de prairies où passe un canal dans lequel un personnage pêche à la ligne. Joli Dessin facilement lavé à l'encre de la Chine.

248. BREGT et HULSWIK.

Deux beaux Dessins de paysages, lavés à l'encre de la Chine, avec beaucoup de goût, dans le style d'Obbema.

249. DREP.

Deux grands Dessins arrêtés à la plume et lavés à l'encre de la Chine, Etude terminée, d'après les ruines de l'église Saint-Lambert, à Liége.

250. NIEVELL (JEAN).

Point de vue de paysage en hiver, et de l'entrée d'une maison de campagne. Dessin facilement touché à la pierre noire mêlée d'encre de la Chine.

251. ADRIENSSENS (JEAN).

Perspective d'un chemin conduisant à une maison de campagne de Hollande. Dessin largement colorié à l'aquarelle.

252. MERTENS.

Un Dessin très-terminé, d'après Antoine Van Dick.

253. VALDORP.

Un Dessin colorié, sujet d'une femme à sa toilette. Copie exacte d'un tableau de Van der Meer de Delft.

254. TEBETMA (d'après BERGHEM).

Dessin précieusement fini à l'encre de la Chine. Sujet d'une arche de pierre où passe un courant d'eau, avec diverses figures et animaux garnissant les premiers plans. Morceau intéressant, qui a l'avantage d'offrir un des plus beaux Ouvrages de *Berghem*.

255. RAUSCHNER.

Deux sites de paysages avec montagnes et ruines, précieusement terminés à la gauche, et agréablement coloriés.

256. PAR LE MÊME.

Deux autres de différentes grandeurs, également soignés et coloriés, points de vue de riches paysages, sites montagneux.

257. CRAUSSE.

Deux sujets de paysages précieusement coloriés et terminés à la gouache. Grandeur de 9 et 7 pouces.

258. PAR LE MÊME.

Deux autres plus petits morceaux, même genre et aussi fins que les précédens.

259. Etude précieuse et coloriée en miniature, d'une tulipe de rare espèce, deux autres plantes et deux papillons. Morceau d'une admirable conservation, sur vélin, indiquant la belle manière d'Elisabeth Merian.

DESSINS ENCADRÉS.

260. LAFITTE (JEAN-LOUIS).

Sept Dessins d'une admirable exécution, faits pour la plupart à la pierre d'Italie, sur papier blanc; savoir: Fragment antique; Caracalla et Sévère; Sujet de Péricles; un Romain défendant sa femme; les Ages; Paysage historique, etc, qui seront détaillés sous ce Numéro.

261. Un Porte-Feuille contenant 29 Feuilles de Dessins par le même Artiste, qui seront également détaillées.

ESTAMPES EN FEUILLES.

262. = Académie de Vienne, d'après Jean Jacobé, par Quadal. Belle Epreuve.

263. = Louis XVI, avec la remarque, par Berwic. Annoncé très-rare.

264. = Le même Portrait. Belle Epreuve ordinaire.

265. = Le même, avánt la lettre, par Muller, d'après Calais.

266. = Paysage d'après Claude le Lorrain, par Volpato, avant la lettre. 4 Epreuves.

267. = Le Pendant, par Pieret, aussi avant la lettre. 3 Epreuves.

268. = Six Epreuves des mêmes Estampes, avec la lettre, par Volpato et Pieret.

269. = Aurore, du Guerchin, par Volpato. 3 Epreuves avant la lettre.

270. = La même Epreuve ordinaire.

271. = Ecole d'Athènes et Dispute du Saint-Sacrement. 5 Epreuves de chaque.

272. = La Nuit et son pendant, d'après le Guerchin, par Volpato. 36 Epreuves, dont 9 de chaque avant la lettre.

273. = La Liberté batave, par Finqueles. 2 Epreuves avant la lettre.

274. = Sept *idem*, Epreuves ordinaires.

275. = Deux sujets en rond, par Girodet, avant la lettre.

276. = Christ, d'après le Guide, par Volpato. 6 Epreuves avant la lettre.

277. = Trois *idem*, Epreuves ordinaires.

278. = Collection des Peintres flamands, dite *le Cabinet Le Brun*. Exemplaire choisi, avant la lettre.

279. = Même Ouvrage avec la lettre, aussi bien choisi.

280. = Le général Bonaparte et Bertier, par Boos.

281. = Saint André, d'après le Dominiquin, et Saint André, d'après le Guide, par Volpato.

282. = Deux Epreuves. Vue des inondations et digue rompue par les glaces, dessinées par Cats, gravées par Gosi.

283. = Mort d'Abel et les Canadiens.

284. = Cléopâtre, par Wille, ne faisant point partie des pièces de son Œuvre, dont le détail va suivre.

ŒUVRE DE JEAN-GEORGES WILLE.

285. = La Tante de G. Dow.

286. = La bonne Femme de Normandie.

287. Sa sœur.

288. = Le Philosophe du tems passé.

289. = Les Délices et les Soins maternels.

290. = Sapeur des Suisses.

291. = Mort de Marc-Antoine.

292. = Le Concert de famille.

293. = Mort de Cléopâtre.

294. = Gazetière hollandaise.

295. = La Cuisinière, *idem*.

296. = Repos de la Vierge.

297. = Joueur d'instrument.

298. = L'Observateur distrait.

299. = Le petit Physicien.

300. = La Maîtresse d'école.

301. = Le petit Ecolier.

302. = Agar présentée à Abraham.

303. = La Devideuse, mère de G. Dow.

304. = La Liseuse, d'après le même.

305. = La Tricoteuse hollandaise.

306. = La Ménagère, *idem*.

307. = Les bons Amis, d'après Ostade.

308. = Les Offres réciproques.

309. = Les Musiciens ambulans, avec la remarque. Très-belle Epreuve.

310. = Instruction paternelle.

311. = Cléopâtre.

312. = Le Maréchal de logis, avant la lettre.

Toutes ses pièces, Epreuves choisies, avaient été conservées par Wille pour son fils, et il ne les a cédées à un de ses amis que par égard et suite de circonstances. L'on proposera le tout en un seul article, si quelqu'un témoigne le désir d'acquérir un aussi beau choix; autrement, il sera procédé à la vente par numéros.

313. = Un Porte-feuille, contenant cent pièces choisies dans les plus beaux Ouvrages de N. Poussin.

314. = Un autre Porte-feuille de cinquante sujets divers.

315. = Un *idem*, dont il sera, comme des précédens, formé des lots.

316. = Quarante-une livraisons de la Galerie du Palais-Royal.

317. = Dix volumes d'Estampes. Ruine de Pestum, Géographie des quatre Parties du

Monde, Ports de France, Plan de Paris, Vues de Rome, Frises de Jules Romain, etc., etc.

ESTAMPES ENCADRÉES.

---

318. = Dix-sept Estampes, dont la Mort de Wolf; Sainte Famille, d'après Raphaël; la Religion, par Bartolozzi, etc., etc., lesquelles seront détaillées sous ce numéro.

www.ingramcontent.com/pod-product-compliance
Ingram Content Group UK Ltd.
Pitfield, Milton Keynes, MK11 3LW, UK
UKHW022120260726
13993UKWH00003B/1132